Gustavo Ossa

Gusamayes

Gustavo Ossa

Gusamayes

Poemas de Amor

JustFiction Edition

Cover image: www.ingimage.com

Publisher:
JustFiction! Edition
is a trademark of
Dodo Books Indian Ocean Ltd., member of the OmniScriptum S.R.L Publishing group
str. A.Russo 15, of. 61, Chisinau-2068, Republic of Moldova Europe
Printed at: see last page
ISBN: 978-620-3-57783-9

GUSAM AYES

Poemas de Amor y Respeto...

PROLOGO.

Existen momentos y circunstancias memorables en la vida,

Considero que esta es una de ellas, pues en este periodo de tiempo en el cual he escrito

Estos versos, han sido momentos de gran crecimiento espiritual y moral

En lo que se refiere a todos los temas de mi vida, sobre todo a lo que

Concierne a las cosas de amor y relaciones interpersonales

Además la relación que tenía con el ser supremo, el creador, nuestro Dios;

En este periodo de mi vida se ha intensificado de una manera sin igual

Aspectos como el amar a Dios sobre todas las cosas,

Agradarlo y temerle a Él, Amar y Respetar a la pareja;

Se han vuelto aspectos de mi cotidianidad, tanto así que trato de plasmarlos

En cada uno de los escritos que a continuación ustedes van a degustar;

Pero esto no salió de la nada, hay un gran motivo del cual salió toda esta inspiración;

Una sencilla y sin igual muchacha, que ha llenado todos mis espacios

Que se ha vuelto mi razón de ser y mi motivo por el cual existir....

PARA TI YESICA PAOLA ROJAS... Todos estos versos

Que describen todos los procesos, que abarcan nuestro gran querer.... TE AMO...

A ELLA…

Ella siempre es mi fortuna, ella;
Ella siempre esta tan bella, mi ella;
Siempre quiere complacerme, es ella ;
Ella es una locura, solo ella…

Se ha convertido en mi vidita, ella
Siempre quiero este conmigo, ella
Porque sabe lo que quiero, ella
Ella es ella, por ser solo ella….

Sabe todo de mi vida, por ella
Solo quiere no soltarme, ella
Mira dentro de mi alma, ella
Sabe todo lo que siento, ella

Si se fuera de mi vida, ella
No sabría cómo vivirla, sin ella
Andaría como un perdido, por ella
Que sería de mi vida, solo sin ella

Yo le escribo mil canciones, pa ella
Si con eso no convenzo, a ella
No sentía lo que me dijo, en ella
Estaría yo muy triste, sin ella…

Yo no busco más nadie, está ella
Si ella no estuviera, mi estrella
Que camino cogería, por ella
No tendría ningún rumbo, sin ella…

Cada vez que yo la veo, a ella
Los sentimientos se alborotan, por ella
Cambiaria todo por un segundo, con ella
Yo daría hasta mi vida, pa ella…

Para Yesica Rojas de Gustavo Ossa… 24.08.2019.

AMOR VENCIENDO LA MUERTE…

Amor, hoy quiero decirte que te amo...
Que en este tiempo que he estado contigo,
Ha sido la experiencia más fascinante que me hubiese podido pasar
Todo lo bueno, todo lo malo lo he disfrutado.

Que aun sabiendo que siguiéndote encontraría la muerte,
La enfrentaría de frente;
Solo para demostrarle
Que el amor es más grande que ella.

Y los sentimientos de un hombre enamorado,
No renuncian ni ante la propia muerte
Y la enfrentaría porque ni la muerte puede quitarme
La dicha de disfrutarte en vida…

Y si lograra vencerme,
Conciliaría con ella para encontrarle solución a la situación
Y ella me dejara ir y volvería vivir;
Haría cualquier trato por si quiera un segundo, tenerte un rato…

Es que ni la novela más inefable de nuestro nobel,
Lograría imitar este realismo mágico que vivo contigo;
Ni macondo con sus mariposas amarillas,
Son dignas, de las que siento en mis entrañas al sentir tu presencia;
las cuales me hacen esbozar las más hermosas frases para cautivar
tu imagen y más aún tu eterno corazón….

Te amo…

DE GUSTAVO OSSA PARA YESICA ROJAS…
AGOSTO DE 2019….

COINCIDENCIAS EN NUESTRAS DIFERENCIAS...

Desde un comienzo nuestro destino
Conspiro para unirnos;
Las diferencias eran muchas
Sin lugar a la escucha.

Nos vimos, no nos reconocimos,
Fueron muchos intentos,
Para ese primer momento
Para así yo verte y distinguirte...

Nos vimos, seguíamos sin reconocernos;
Y así inicio un amor, sin ningún contexto;
Que desde sus diferencias
Comenzó a encontrar las coincidencias.

Coincidencias que fueron creciendo
En la medida que nos fuimos conociendo,
Tú me mirabas, me ibas reconociendo
Yo te miraba, el amor iba creciendo....

Hablaba muchas sandeces...
Sin querer que pensaras que eran estupideces
Mientras tanto en tu mente
Esas historias, hacia crecer la intensión
De conocer mi corazón, sabias que algo existía...

En mi mientras tanto, iba creciendo
Esa sensación de que eras la persona
Más apropiada para mi corazón;
para asi pasar los días
Del resto de mi historia
Que toda quedara, en una estupenda memoria...

Y así pasaron los días,
Y aunque ninguno sabía
Lo que iba a suceder;
Se fueron abriendo puertas
Para nuestro enamoramiento y nuestro querer.

Y aunque teníamos un pasado
Que truncaba un presente,
Teníamos en la mente
Que nos íbamos a enamorar.

Y hasta nuestros cuerpos
Nos decían, ustedes dos son diferentes;
Nuestras almas nos decían,
Sigan, sigan; aquí hay algo y no es cobardía….

Para así entregar lo que nunca,
Habíamos entregado y sentir que el paso
Por este mundo no fue un desperdicio
Entregando todo lo que no se puede con el juicio….

10/07/2019   Autor: Gustavo Andrés Ossa Ortiz
Para: Yes Roj…

DE QUE MANERA TE AMO…

De que más formas quieres que te amé,
si frente a mi cada vez que tu figura esta
Confluye cada sinónimo de felicidad;
si mis ojos no te lo manifiestan
y no vez a mi corazón en fiesta,
De qué manera quieres que te lo exprese…

Cada frase tuya, cada momento tuyo
me enseñan más lecciones,
que las que me ha dado la vida en mi caminar
y mi ser no espabila, para interpretar tu actuar…

Si aún mi ser no te hace sentir única,
ya te lo dije una vez
Recogeré mis cosas y me reinventare
en ese ser que te pretende sorprender

Pero insisto, que he dado todo de mí;
será que el amor entre más puro es más exigente,
una prueba más para mi mente
pero por tu amor ya no sería prueba
sino una eterna satisfacción
para cautivar tu amor….

No entiendo, no sé qué quieren las mujeres
dirán ellas lo mismo, somos insulsos seres;
pero que un hombre ame como yo,
Sera que soy el único que en el amor creyó…

Tonto, tontito aun
con tanta experiencia
y aun con la creencia
que el amor es la única solución
a este caos que es la vida en relación…

Tu ser es la única gasolina
a lo que yo siento;
si no existieras para que sentir
para que vivir esto…

Me iría contigo y estaría a tu lado
y así no tendría temor del pasado
pues saber que estuviste y ya no estas
sería una catástrofe para mi bienestar….

19/09/2019 Autor: Gustavo Andrés Ossa Ortiz
Para: Yes Roj...

DISCULPA ESTOS CELOS…

Disculpa mis celos;
Pero es que si soy sincero,
Cuando estoy lejos
No encuentro otra manera
De sentirme mía…

Pues tú eres mi alegría
Y con alevosía e idolatría
Mi corazón expresa lo que sentía;
En ese momento,
Hay hombe, que mal día…

No quiero celarte,
Solo quiero amarte;
No quiero volverme
Espanta pretendientes…

Que dentro de su inconciencia,
No saben la experiencia
Que los dos vivimos
Expresar lo que sentimos…

Si ellos experimentaran
Y se levantaran cada mañana
Sintiendo lo que yo siento
No se involucrarían; dirían
Aquí no hay caso,
hay que darle rienda suelta al amor y sus lazos

Si mis celos te incomodan
Acostúmbrate un poco,
Pues la única forma de no sentirlos
Es que toda la humanidad tuviera ceguera

Pues los ojos, son la manera
Más inmediata
De apreciar tu sonrisa
Y tu tierna mirada;
Que sin decir una palabra
Embrujan al más incauto…

Por eso en cada oración
Le pido a Dios,
Que te haga invisible
Y ante el mundo, menos plausible…

Si por mi fuera, te tuviera en un cofrecito
Y ha de ser chiquito,
A de ser bien chiquito
Para que quepas tú y tu culito...

DE GUSTAVO ANDRES OSSA ORTIZ PARA YESICA PAOLA ROJAS...
28/09/2019...

DOMASTE MIS DEMONIOS…

Es que tu existencia
Le ha indicado a este corazón
Lo bueno de amar a un solo ser
Y lo bueno que es tu querer

Que ha sanado mis heridas
Y a mi alma le ha dado de beber
Del más dulce néctar que son tus labios
Que gusto que sean míos

Tu ser domo mi alma de aventurero;
Y solo tus ojos silencian este ímpetu
Que desmembraba ilusiones
Y maltrataba corazones

Solo tú con tus ojos
Encerraste a mi alma
Y naufrago en el amor constante
Ese que siento por ti a cada instante

Y mis luchas, son la manera más evidente
De demostrarte lo que te amo
Porque siempre estás en mi mente
A cada instante

Si sintieras lo que yo siento por ti
Tendrías que vivir siete vidas para culminar eso
Y escojo siete vidas por que el siete materializa lo
Eterno y no lo etéreo…

Y ese demonio que existe en mí
Se humilla al sentir tu presencia,
Porque es capaz de entender
Lo divino de tu amor y tu esencia…

Y disfrutó que se humille
Porque así puedo compartir contigo
Las mieles de tu amor
Y sentir así que soy el único en tu corazón…

HECHA POR GUSTAVO ANDRES OSSA PARA YESICA ROJAS 03 DE AGOSTO DE 2019…

EN LA CARCEL DE TUS OJOS....

Y quién iba a creer,
Que te ibas a convertir;
En mi todo, en mi amante, mi amiga,
Mi confidente y yo un imprudente
Que no supe sino quererte...

Quien iba a pensarlo
Si en mi corazón solo existían sospechas
De que el amor tendría una verdadera existencia...

Ahora que veo tus ojos,
Que se han convertido en mi cárcel
Y los barrotes de tus pestañas
No me dejan escapar

Ahora entiendo
Que en el mundo
Aún existe la oportunidad de amar

Pues así me sienta encarcelado
Por ti purgó mil condenas
Y me pongo las cadenas
Para estar no más juntito tuyo

Así solo sea para sentir el murmullo
De tu dulce voz
Que despierta mis sentidos

Cuál niño recién nacido,
Al escuchar la voz de su madre
Que llega alimentarlo;
Como tú llegas con tu amor
A llenarme todos mis sentidos
Y así acelerar mis latidos...

DE GUSTAVO OSSA PARA YES ROJ...

ESTA ES LA SITUACION…

De que otra manera me reconstruyo,
Si no encuentro otra solución para trasegar esta situación;
De qué manera me reconstruyo
Si no encuentro en nadie, un sustituto tuyo

De esta manera que lo hago
Identifico que es la mejor manera;
Entre el respeto y el amor
Dios encontrara la solución

La solución a todas mis situaciones
Las difíciles y las más complicadas;
Que sin explicaciones salen de la nada
Luchar contra eso será el desafío
Para que nuestro amor, quede entre tuyo y mío

De que otra manera quieres que viva,
Si con cada acto que hago siento que te acerco más a mí;
Y esa es la única solución que le encuentro a la situación
Hacerte solo mía para mi vida sin ninguna restricción

No sé porque siempre te escojo a ti,
Sera porque desde que te conocí
No logro descifrarte;
Te has convertido en mi mejor obra de arte

Sin saberlo en ti encuentro
La pregunta y la respuesta a mis necesidades;
Así seamos de distintas edades
Solo tú con tus actitudes, eres la que más me enamora

Si sientes que la lejanía hace que el fantasma del desamor crezca,
Haz lo mismo que yo hago;
Imagino tu cara tu sonrisa y el saber que eres feliz
Solo por estar a mi lado y compartir

Ya con eso soluciono todas mis incertidumbres
Basadas en el amor y el porvenir
Y ya me voy a trabajar porque a pesar que vivo en el amor;
Contigo y con tus ojos
La vida es de aspectos materiales,
Que la dominan el dinero y sus males.

De Gustavo Ossa para Yes Roj… 26.10.2019

ESO PIENSO DE TI...

Amor quisiera contarte lo que pienso de ti,
Creo que eres un ser excepcional,
que no lo encontraría en ningún lugar;
Tú eres el ángel que se escondió en lugar recóndito
y tuve la fortuna de encontrarte...

Cuanto te conocí no supe el increíble ser que eras,
Creía que eras otra más de las que conocía a diario
Tú no querías conocerme,
Yo me estaba alejando y no quería que supieras

Pero por cosas de Dios,
Unimos nuestros caminos
Hasta ahora decirnos
Amo a este ser con todo el corazón

Es por esto que esta letra y esta canción
Si no te hubiese encontrado
Estaría descontrolado
Dando tumbos en el mundo

Te encontré y estoy organizando
Lo que estaba desbaratando
si un día me dejaras
y no hubiera solución

Saldría de esta dimensión
Ha buscarte en otra
Tu doble, mi nuevo amor
Sentiría de una vez, nuevamente
que soy ese ser , que llena sus espacios,
sus vacíos, su ser....

Amor es que para expresar
lo que siento por ti
tengo que salir de este mundo
Vislumbrar otro existir

Y si algún día quisieras partir
dame tan solo un minuto
y te demostrare que no puedes;
porque eres mi razón de ser

Y si mi ser no es suficiente
Para cambiar tu decisión
Me encarnaría en tu ser de predilección
Pero se, seria yo; nadie puede dar tal amor.

De Gustavo Ossa para Yes Roj... 17.09.2019

ETERNA..

Tú y tu juventud eterna,
Que al caminar eclipsan
La divinidad del paraíso;
Y además hizo
De mí el hombre más afortunado....

Porque siempre joven te voy a tener,
Porque siempre eterna vas a ser;
Y si, así va a ser,
Vas a durar igual que el amor por ti

¡Joven y eterna!, que contradicción
Palabras que se anulan entre si
Pero que en ti,
Confluyen sin ninguna restricción

Y yo que voy hacer
Si soy joven y viejón;
Y mi vida efímera como una canción,
Y tu eterna como la palabra de Dios...

Si tuviéramos descendencia
Que dicha tener de herencia
Una mama pa... toda la vida
Y un papa que aunque envejece,
La amaría cada día...

Jugarías con ellos,
Te sentirían de su misma edad
Les dieras concejos a cada despertar,
Y así serias su amiga, su confidente su bienestar...

Y así, sin más; tú y tu condición
Haríamos de lo mortal, algo inmortal
Que ni el tiempo lo entendería
Y en la historia se plasmaría...

De Gustavo Ossa para Yessica Rojas.... 02/10/2019

EXTRATERRESTRES…

Somos dos extraterrestres,
Venidos de otros mundos
Engendrados en un crisol
Al que yo llamo amor

Si este universo es energía
Y la energía, ni se crea ni se destruye;
Ahí es donde uno concluye
Que lo que tú y yo sentimos
Se llama amor…

Es esa energía que se regenera
Que para existir solo quisiera
Del compromiso de dos
Para formar eso solo, que se llama amor

Si de mí dependiera
Escoger en mi vida entera
Un solo ser especial
Serias tú sin dudar…

Después de Dios, solo tu
Pero si Dios es amor,
Que mejor representación
Que tu ser o mi amor…

Y si no existieses en mi camino
Que desdichado seria el destino
De no haberme tropezado con tu ser,
Que en un segundo sin querer
Se convirtió en mi vida
Mi razón de ser…

Nos une más que la razón,
Solo una palabra
Una canción,
Los momentos que vivimos
No tienen explicación….

Después de tanto meditar
De tanto que te escribo
Considero que esto si es amar,
Debería haber un artista que me ayude a declamar

Lo que siento yo por ti,
Que si me llagase a confundir
Es factible, no hay razón
Donde cabe tanto amor
Su lengua y su voz
No entenderían la sensación
Que expresan, pues con certeza
No entenderían tanta destreza

Espero que lo que yo siento
Lo sientas tú también
Para así coincidir
Y además concluir
Que el amar es la representación
Del creador, en esta instancia terrenal...

DE GUSTAVO OSS A PARA YESICA ROJAS.... 26.09.2019

FUERZA DE VOLUNTAD...

Y es que no recurro a mi fuerza de voluntad
Para el hecho de saberte bien amar;
De acuerdo a la vivencias tenidas contigo
Mi objetivo siempre será contagiarme de ti sin sentido

El orgullo de quererte
No lo cambio, ni por el más ferviente de mis deseos;
Porque concluyo e intuyo
Que todo termina en ti

Y vaya que si tienes atracción
Porque en contra de mi decisión,
Era muy difícil que alguien prevaleciera
Lo has logrado tú, mi bella compañera

Espero valores todo esto que te he dado
Porque con gran agrado
Me he convertido en lo que nunca quise ser
Y me arrepiento en pensar, que un día estaba tan mal

Contigo encontré la luz,
Y entre los dos hemos sido guías en la virtud;
En la virtud de amarnos y reconocernos como seres de amor
Que sin ninguna restricción se lo viven mencionando.

Y teniendo como ejemplo las palabras del creador
Queremos seguir la dirección que el señor nos señalo
Para así; ser agradables ante su mirada
Que sin miedo a equivocarme dirá, está al lado de su amada.

Y por esa simple razón he llegado a la conclusión
Que lo nuestro es un amor de historia
Que llenara de gloria, las enseñanzas del creador
Y al final nos dará la bendición de vivir felices, sin ninguna discusión.

Escribo y escribo versos, interminables
Pues las palabras fluyen al tener quien las inspiren
Espero no me faltes nunca para que esta inspiración
No encuentre su terminación.

Pero eres tan inspiradora, que aun en tu ausencia
Crearía cosas, pero les faltaría algo
El alma de lo inspirado
Y nunca estarían completas, sin el acierto de tus ojos

Para que cada frase quede encarcelada,
En la retina de tu mirada….

TE AMO.

DE GUSTAVO OSS A PARA YESICA ROJAS…. 15.11.2019

GIGANTES…

No quiero llegar a ser el recuerdo de un amor bonito,
Quiero ser ese que siempre te acompañe en el camino
Para así satisfacer la decisión, de haberte elegido a ti
Y así llegar a cumplir, las expectativas de lo que es vivir

Que no se quede en demagogia
La expresión del saber amar
Y así refutar, esta sociedad
Que siempre insiste en solo maltratar

Maltratar los sentimientos
Dejarlos por el suelo;
Maltratar los sentimientos,
Eso lo que menos anhelo

Anhelo que los hombres amen de verdad
Que las damas vuelvan a saber amar;
Que los jóvenes se entreguen al amor,
Así como Romeo amo a Julieta;
Para esta época, eso ya es pura ciencia ficción

Por eso a veces pienso,
Que nuestra novela no es de amor;
Lleva matices de mucha ficción,
Porque eso ya no se ve en la realidad de la sociedad

Pero insisto en mi terquedad,
Porque somos eso, amor;
Amor del bueno, que intenta impregnar
Hasta lo más oscuro de la sociedad,
Que se sorprende al ver la luz incandescente,
Que se desprende de nuestras vivencias

Si no existieras, no hubiera encontrado el significado de amor;
Creo que Dios nos coincidió en este espacio tiempo
Para que fuéramos, un solo ser, una sola carne;
Y así demostrarle que los seres humanos,
Si tenemos oportunidad, de ser mejores seres a pesar de la realidad

Sigo buscando una palabra, que defina algo más grande que el amor;
La iré acuñar dentro de la gramática de la lengua moderna
Pues es la única manera de explicar lo que siento por ti
Y que considero que está creciendo en ti
Que cada día se hace más grande, porque somos seres gigantes

Gigantes en sabiduría, en respeto, en amor;
Y que cada momento, viven evolucionando en el sentimiento
Gracias por ser quien eres, y entregarme eso de ti
Que sin tu saberlo, es lo que me ayuda a vivir.

PARA YESICA ROJAS DE GUSTAVO ANDRES OSSA... 19/10/2019...

IMPRESIONANTE...

Que impresionante haberte encontrado
Eres un ser de otro lado
Que ha cautivado
Mi corazón y mi razón

Contigo hay que tener cuidado
Y siento haberme involucrado
Con un ser despiadado
Que irrumpe en tu conciencia,
sin ninguna prudencia

Que dicha haber perdido
Esas batallas del destino;
De encontrarte en otras partes
Sin llegar a identificarte...

Que bendición la mía
El tenerte cada día;
Sin resguardos, sin alevosía
Solo un sincero amor y callado
Que demuestra lo que siente
En el momento más prudente

Bendigo mi creatividad
Pues gracias a ella puedo expresar
Lo que siento en estos momentos
Y así poderlos resaltar
Para mí eso es saber bien amar...

Tú que has llegado hacer mi inspiración
Tú, oh hermosa bendición
Dios bendiga tus días
Tus anhelos, tus manías...

Si Dios bendice un amor verdadero
Este amor, estará bendecido por toda la eternidad
Y si hubiese existido por un segundo
Ya tuviese la categoría de un amor en armonía
De esos de antología...

El creador con un segundo de percibir nuestra relación
El comprende que su creación
Vale la pena la intención
Por qué sentimientos tan grandes
Hasta para él se hacen inexplicables

Arrasan con la vida y con la razón
Arrasan porque no tienen condición;
Ahora entiendo que el amor es igual a el
El que nos ha ofertado desde la primera vez

Que entrego a su hijo por nosotros
Jesucristo, nuestro salvador
Ese que en la cruz murió
Por nuestros pecados y la salvación.

De Gustavo Ossa para Yesica Rojas 15.11.2019

INCERTIBDUMBRE...

Esta circunstancia de quererte cerca
Pero estas lejos, generan en mí
Este sentimiento que jamás entendí
Sentimiento de dolor y melancolía
Que mala suerte la mía...

Mala suerte porque te encontré
Y no merezco perderte
Mala suerte porque revise mi pasado
Y no encontré alguien con quien
Los caminos que contigo haya pisado

Ese sentimiento se llama incertidumbre
Y esa es la lumbre
De lo que me acongoja
Y eres tú la que provoca
Este sentimiento que no antoja...

No antoja, porque antojas
Amarte por la eternidad
De tenerte bajo mi protección
Y así ser tu redentor...

No antoja; porque eres
Ese ser especial casi difícil de alcanzar
Y tanto esfuerzo he gastado en alcanzarte
Y ahora qué difícil es soltarte...

Soltarte para que, si la vida no tiene sentido
Soltarte para que, si por ti es cada latido
De este corazón, que en este momento de la vida
Vive eso solo por ti y para ti...

Puede faltarme todo,
Pero que no me faltes tu
Porque el sentimiento de incertidumbre, es tan grande
Que no encuentro la virtud
De seguir en este mundo, sin ti, sin un rumbo...

Y te escribo s porque te amo
Si no fuera por eso
Te aseguro que de mis sesos

No saldría, ni un fragmento
De estas frases de mi pensamiento

Y además te digo,
Que solo quiero plasmar
De lo que mi mente a mi corazón
Le alcanza a captar…

Porque mi corazón, seguramente
Te pintaría un paraíso
Donde sin aviso
Vivirías de improviso

Y yo sería ese Adán
Y tú serias mi Eva
Y con la bendición de Dios;
Pasaríamos todas las pruebas… AMEN…

DE GUSTAVO OSSA PARA YESICA ROJAS…. 19.09.2019

INTENCIONES DEL ALMA…

No hay nada más sincero que el alma,
Pues es la expresión más explícita de Dios
En esta dimensión, sin ella no existiera
No hubiera quien pudiera, entender lo que es la fe…

Fe, para saber, que el amor existe;
Fe, para entender, de lo que uno está hecho
Fe, para saber que existe un ser superior
Que a pesar de nuestra situación, nos baña con profundo amor

Fe, para entender que hay seres que nos esperarían
Una eternidad, solo por sabernos bien amar
Fe, para saber que dentro de nuestras entrañas
Estamos llenos de cosas, sentimientos y sensaciones
Que rebosamos en las más extremas situaciones…

De eso quiero hablar, para entender
Que un ser, su esencia nunca la va a perder;
Que uno ofrece al mundo, lo que rebosa de su alma,
Que uno ofrece al mundo lo que su corazón trama,
Y si eres ese ser bueno, eso entregas a tu entorno,
Que sin ningún adorno, te fatiga y te estruja
Para que saques, lo que no tienes dentro

Aunque llegue el padecimiento,
Siempre expondrás tu esencia,
Pues es la reverencia tuya, al Dios que te creo;
Que sin ninguna explicación puso eso en tu corazón…

Sin embargo, si eres malo; eso expondrás al mundo
Inundaras tus espacios, con caminos vacíos
Y malas sensaciones, harán de tu vida no tenga opciones;
No dejaras espacio a la comprensión…
Y como un vagabundo, vagaras por el mundo
Tratando de colgar tú desgracia, a otros corazones
Que no lo merecen, y que sin intereses
Quisieron pagarte con creces…

Por eso el haberte encontrado, corazón;
Se volvió, mi mejor opción
A tu lado fluyo, y así se ponga una muralla
Por ti la derrumbare, en una o más batallas

Eso en sí, es lo que mi corazón subraya.

Te invito alejarnos de este mundo;
Te invito a compartir conmigo nuestra experiencia
Te invito a que seamos tú y yo, junticos
Con nuestras impertinencias,
A vivir en este idilio, al que llamo Felicidad...
Y con la idoneidad, de que nos vamos amar
Para toda la eternidad...

DE GUSTAVO OSSA PARA YESICA ROJAS.... 14/11/2019

JUNTOS…

Te busco, te busco;
Y te encuentro,
Encuentro esos besos que encienden mi alma,
Y la llevan al desemboque de sentimientos…

Te busco, te busco
Y no encuentro;
La respuesta a tan insaciable sensación
De tenerte en mis brazos y llenarte de pasión

Simplemente te busco
Para sentir esos labios
Que son todo y nada para mí;
Y aun me pregunto porque?…

Porque; de la nada
Te has convertido en ese ser
Que ha vuelto mi vida
Un mosaico de sentimientos
Sin control, sin fundamento…

Todo contigo se hace,
Desde lo más fácil, hasta lo imposible
Se hace visible, solo porque estás tú,
En el contexto de tu juventud…

Si la vida y el universo son injustos
Me tendrán para amarte solo esta vida;
Y si aprecian bien la fuerza del amor
Nos juntaran en cada repetición
De cada vida de cada uno de los dos…

Y si de dimensiones hablamos
En cada una nos hemos enamorado
En una más que en otras
Pero creo que en esta me he sobrepasado…

Ya que más,
Un poco de mi ser para ti;
No sabes lo que puedo ofertar
Por eso te digo no te apartes de mi
No sabes de todo lo que puedas percibir…

De Gustavo Ossa para Yesica Rojas 04/10/2019…

LE PIDO A DIOS...

Le pido a Dios y a la vida que me regale muchos cumpleaños a tu lado
Sería el hombre más afortunado,
Si por ti me dieran el mundo,
Te escogería a ti porque lo nuestro es más profundo

Vida no quiero sin ti,
Mundo mucho menos sin la silueta de tu imagen;
Y si te preocupa que sea intenso en persona
Mejor lo hago con palabras de un hombre que razona

Desmantelas mi cuerpo, mi alma;
Haces una radiografía a cada día,
Identificas todas mis condiciones
Con el fin de hallar más razones

Razones para amarme y definir así,
Si soy el hombre para tu existir;
Si definieras que no soy ese
Que estaré pagando, quien de eso merece

Quisiera estar juntito a ti
Para que vieras mi rostro
Y de una vez concluyeras
Que este es el hombre que dios, me envió para que creyera

Creyera en el amor,
En lo que nos dice el creador
Creyera en el cariño
Que sale de un hombre con alma de niño

Un hombre con alma de poeta,
Que con cada letra, intenta enamorarte
Es su único arte para poder atraparte

Ojala que este afán de crear
Mitiguen todos los pecados
De mi eterno pasado
Para que al fin podamos disfrutar
De lo que yo considero el bien amar

Si decidieras un día dejarme
Vas a tener que ser muy hábil
En la forma en que me lo dices
Veras un cuerpo tirado en el suelo
Con muchas cicatrices

Sé que analizas las cosas de la vida
Y considero que si equiparas
Todo lo que hemos vivido
Encontraras sentido a nuestro recorrido
Por eso te digo, te amé, te amo y te amare....

DE GUSTAVO OSSA PARA YES ROJ... 22.11.2019

MI EROR PERFECTO, MI PERFECTO ERROR...

Es que lo nuestro se sale
De lo comprensible, de lo tangible
Y es difícil expresar esto que siento
Cada vez que se acerca nuestro encuentro

Esta sensación de quererte
Escucharte, saber de ti
Escuchar cómo te fue en tu día
Esa indescriptible sensación
Me hace avanzar en este error

Error perfecto
Perfecto error
Que desencarna
Lo más maravilloso de mi corazón

Y si esto es un error
Que se vuelva una catástrofe
Por que estoy dispuesto a enfrentarla
Pues si en la adversidad me siento así

Con un instante de felicidad
Junto a ti
Entregaría mi existencia sin maldecir
Y no reclamaría sino ese instante
En que fuimos felices y no distantes...

Y así poder decir
Fui pleno fui feliz
Y no me importa...

ESCRITO: *GUSTAVO ANDRES OSSA ORTIZ....* *16/09/2018.*

MIRARTE AL CAMINAR…

Solo quiero un día, Al mirarte al caminar
Y decirme a mí mismo, gracias por estar a mi lado
No me equivoque contigo
Y quiero que sigas aquí conmigo

No ha sido fácil esta relación de los dos,
Pues el secreto del amor esta entre tú y yo
Nos conocemos aun sin a vernos visto
Y lo refrendamos cada vez que nos encontramos

Nuestras almas se emparejan
Y nuestros cuerpos lo demuestran
Si no lo crees aun
Solo mírame a los ojos, ellos te dirán la verdad entre los dos

Te hablaran de lo mucho que te amo
Y te sacaran de la duda
Los tuyos están comenzando hablarme
Y creo que en su desenlace
Dirán lo mucho que me amas

Solo que tu vida actual
No te deja entregar
Pero lo que sientes por mi sobrepasa tu entender
Y al final terminaras por ceder…..

20/02/2019 escrito por: Gustavo Andrés Ossa Ortiz para Yesica Rojas

NUESTROS ROSARIOS...

Sin más inspiración que la de contar
Con la sabia decisión, que ha nuestro señor
Entregar este mi sincero amor que
Hace parte de nuestra relación...
He decidido escribir estos versos
Y llegar a concluir, que la vida en comunión
Solo puede subsistir y llegar hacer perfecta
En la compañía de lo espiritual

Por tal motivo el amar, se refugia en el alma
Y en el deseo del saber amar
En el amor que la virgen, le entrego a nuestro creador
Ese amor que se demuestra en los rosarios...

Esos rosarios que se han convertido
En fuente de inspiración y equilibrio
Para lo de nosotros dos;
Que sin entenderlo, aún siguen construyendo
Nuestro amor, sin padecimientos....

Nos aferramos a eso para buscar el equilibrio
De nuestras vidas y nuestra relación;
Los rosarios fuente de tranquilidad y paz
Que hacen parte de nuestra realidad...

Dios nos muestras cosas del mundo,
Nos advierte de la realidad que atravesamos
Sin duda no quiere que pasemos por esas circunstancias
Y que perseveremos en nuestras instancias...

Instancias que son vida, y que quieren agradarlo a él;
Para así llegar a comprender el significado de lo que es bien amar,
Y llegar a conciliar con las experiencias del pasado
Las cuales pretenden someternos cual si fuéramos esclavos...

Ya van más de 100 rosarios hechos
Lo cual ha permitido que estemos derechos;
En lo que representa nuestro amor
Llegando así a coincidir en la integridad del corazón

Si seguimos así, Dios nos concederá la cosecha
De la que tanto hemos hablado,
Que sin remedio y sin miedo a equivocarme

Esa cosecha será el mantener ese amor que existe entre los dos...

La paciencia y la templanza que se manifiesta en el rosario
Hace de la vida una poesía, de sabiduría
Donde la paciencia calma las afujías del alma
Y la templanza te hace sentir bendecido y tener esperanza...

DE GUSTAVO OSSA PARA YESICA ROJAS 12/11/2019....

VAMOS A QUERERNOS SIN ENAMORARNOS….

Vamos a querernos sin enamorarnos
Porque lo que nos da la vida no lo permite
Tu compromiso impide lo nuestro
Y hace que las cosas sean difíciles

Vamos a querernos sin enamorarnos
Para desbordar lo que sentimos
Entregar la pasión de cada uno
Y en un desenfreno de amor
Decirnos todo sin sentido

Ese querer va ser bonito
Ya que solo vivirá momentos placenteros
De los momentos malos se entenderán los otros
Conmigo la pasaras estupendo

Y si en algún momento no te sientes bien
Recogeré mis cosas y me iré
Para reinventarme
Y seducirte nuevamente y enamorarte hasta la muerte

Por que solo será querernos no enamorarnos
Por que el amor duele el cariño amaña,
Y eso es lo que quiero mi bella muchacha

Si te dejas querer voy a demostrarte,
Hasta donde ama un hombre;
Pero ten cuidado, no te enamores
Por que si te enamoras
El querer se pierde y el amor se crece
Desviándonos de la ruta que quisimos seguir siempre….

ESCRITO: GUSTAVO ANDRES OSSA ORTIZ…. 08/09/2018.

Printed by Books on Demand GmbH, Norderstedt / Germany